BIENEN

*Die schönsten Gedichte
und Geschichten*

Jan Thorbecke Verlag

INHALT

4

Biene, ich wart auf dich!

Biene, ich wart auf dich!
Hab gestern erst
zu einem Bekannten von dir gesagt,
dass es Zeit wird.
Die Frösche kamen heim letzte Woche –
in ihre Wohnungen, und sind fleißig –
Vögel sind, zum großen Teil, zurück,
der Klee warm und dicht.

Du wirst meinen Brief
am siebzehnten bekommen.
Antworte mir,
oder besser, sei bei mir.
Deine Fliege

Emily Dickinson (1830–1886)

Summende Bienen in der Apfelblüte

Der Perlenschmuck der weißen Blüte glimmet
zuerst auf jedem Baum; die schwanken Zweige
     krümmet
der Blumen süße Last. Der Äpfel holde Blüt,
die recht, wie Blut und Milch, in weißer Röte glüht,
von Schimmer, Glanz und Schönheit reich,
sieht Rosenknospen gleich.

Auf allen Ästen scheint ein Wunderschnee zu
     liegen,
der warm und trocken ist; die silber-weiße Blüte
ergötzt nicht nur das Aug', sie labt auch das
     Gemüte
durch den Geruch zugleich. Viel tausend Bienen
     fliegen,
und sammeln süßen Honig ein,
mit schwärmendem Getös' und angenehmem
     Summen.
Es tönt, als wenn Bassons, gedämpfet, sanfte
     brummen.

Beim zwitschernden Diskant von manchem
    Vögelein,
beim rauschenden Tenor der wallenden Kristallen,
die über glatte Kiesel fallen,
und bei dem hohen Alt, dem lispelnden Gezische
der Bäum' und Büsche,
scheint dieses murmelnde Geräusch der Bass zu
    sein.

Barthold Heinrich Brockes (1680–1747)

Himbeerwald

Bienen
singen den Sommer

Der Himbeerwald
glüht
aus Liebe zur Sonne

Finger stehlen die Glut
Münder verzehren sie

der leere Himbeerwald
riecht nach vergangenem Glück

Rose Ausländer (1901–1988)

An die Herbstzeit

Du Zeit der Feuchte und der Fruchtbarkeit,
Freundin des Sonnengotts, der Reife sendet,
mit ihm vereinigt, dass zur Süßigkeit
des Rankenweins betaute Traube endet,
dass Apfellast die moosigen Bäume biegt,
dass aller Früchte Herz von Saft durchquollen,
dass Kürbis schwillt und jede Nuss sich füllt
mit würzigem Kern; und weicher gelber Pollen
in vielen späten Blumen wartend liegt,
und jede Biene schwer zur Zelle fliegt,
draus Sommers Segen schäumend überquillt.
(...)

John Keats (1795–1821)

Trauerzug für den Sommergarten

Der Fransenenzian verwebt sein Blau
auf dem roten Webstuhl des Ahorns.
Meine vergehenden Blüten
brauchen keine Abschiedsschau.

Nach kurzer, geduldig ertragener Krankheit ...
eine Stunde nur, sich vorzubereiten,
und heute Morgen schlafen meine Engel
unter der Erde.
Es war ein kurzer Leichenzug.
Die Lerche war da,
und eine alte Biene hielt die Grabrede.
Und dann knieten wir zum Gebet.
Wir glaubten, dass er friedlich einschlief.
Wir erbaten dasselbe für uns.
Sommer, Schwester, Engel!
Lass uns mit dir gehen.

Im Namen der Biene
Und des Schmetterlings
Und des Windes
Amen.

Emily Dickinson (1830–1886)

Das Leben ist eine Blume,
die Liebe ist daraus der Honig.

Victor Hugo

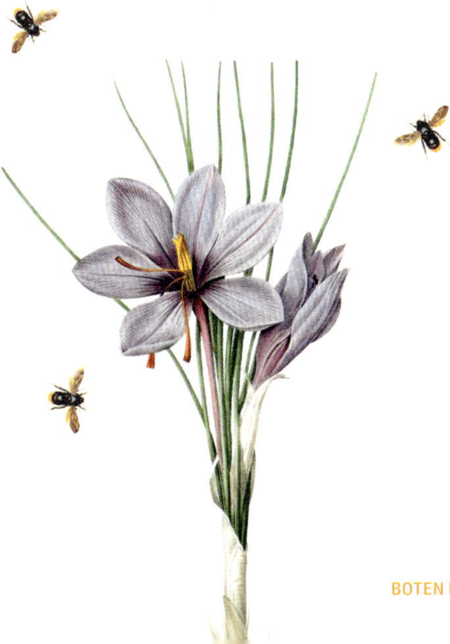

Der Gesang vom Honig

Der Honig ist das Wort Gottes,
das geschmolzene Gold seiner Liebe,
das Jenseits des Nektars,
ein Rest vom Licht des Paradises.

Der Bienenstock ist ein keuscher Stern,
Bernsteinquelle, die den Rhythmus nährt
der Bienen. Schoß der Felder,
der zittert von Aromen und Gesumm.

(...)

Der Honig ist das Hirtenlied, von ferne,
des Schäfers, die Schalmei und der Olivenbaum,
Schwester der Milch und der Eicheln,
Königinnen der goldenen Zeit.

Der Honig ist wie die Morgensonne,
er hat die volle Gnade der Hitze
und die gealterte Frische des Herbstes.
Er ist das welke Blatt und er ist der Weizen.

(...)

Federico García Lorca (1898–1936)

Heilender Honig
aus der Sure „Die Bienen"

Und offenbaret hat dein Herr der Biene:
Nimm in Bergklüften deine Wohnung,
In Bäumen, und in dem, was Menschen aufbaun.
Dann iss von allen Früchten,
Und geh die Wege deines Herrn in Demut.
Aus ihrem Innern kommt ein Saft
Von mannigfacher Farbe,
In ihm ist Heilung für die Menschen.
Darin ist traun ein Zeichen
Für solche, die da denken nach.

aus dem Koran

Segen für
den Bienenschwarm
Ein Gebet an eine griechische Gottheit

Aus der Wabe schnitt mich als süße Ernte statt
    eines Opfers
der alte Imker Kleiton und gab mich als Spende,
aus dem heiligen Wachs des Frühjahrs presst
    er viel Honig,
Gabe der hirtenlosen, weitfliegenden Herde.
Mach die Fülle erzeugende Schar zahlreich,
    gut mit süßem
Nektar fülle die wachsgefertigten Kammern!

Apollonides (1. Jhd. n. Chr.)

Heiliges Bienenwachs
aus dem Loblied auf die Osterkerze
in der Osternacht

In dieser gesegneten Nacht, heiliger Vater,
nimm an das Abendopfer unseres Lobes,
nimm diese Kerze entgegen als unsere festliche
    Gabe!
Aus dem köstlichen Wachs der Bienen bereitet,
wird sie dir dargebracht von deiner heiligen
    Kirche
durch die Hand ihrer Diener.
So ist nun das Lob dieser kostbaren Kerze
    erklungen,
die entzündet wurde am lodernden Feuer
    zum Ruhme des Höchsten.
Wenn auch ihr Licht sich in die Runde verteilt
    hat,
so verlor es doch nichts von der Kraft seines
    Glanzes.
Denn die Flamme wird genährt vom
    schmelzenden Wachs,
das der Fleiß der Bienen für diese Kerze
    bereitet hat.

Der alte Mann und seine Bienen

aus einer römischen Gerichtsrede
um ein vergiftetes Bienenvolk

Was erfand die Natur besseres als die Bienen?
Sparsam, treu, fleißig – Tier, Du bist den Armen
ähnlich! Und die Anlage meines Gartens gab mir
genug Gelegenheit zur Bienenhaltung. Er ist
nämlich gegen den winterlichen Sonnenaufgang
gelegen, offen für alle Winde, ein mittelgroßer Bach
aus einer nahen Quelle fließt zwischen glänzenden
Kieseln mit zitterndem Wasser, vorbei an zwei
grünenden Ufern. Im Garten sind Blumen und
Kräuter, wenn auch nur wenig Baumkronen von
einigen kleinen Pappeln. Von dort sammelte ich oft
einen Schwarm ein, der schwer von einem Ast hing.
Es war nicht so sehr die Lust, den Honigfluss aus
dem Wachs zu sammeln, um ihn in die Stadt zu
bringen, an Reiche zu verkaufen und damit meine
Ausgaben für meine bescheidenen Bedürfnisse zu
decken. Vielmehr dass ich trotzt aller Beschwernis-
se des Alters als Greis noch etwas hatte, was ich tun
konnte. Es machte mir auch Freude, für die
Frühjahrsbrut Weidenzweige zu flechten, (...), die
Lücken mit Ton zu verfugen, müden Bienen mehr
Honig zu geben, einen fliehenden Schwarm mit
scheppernden Blech zu erschrecken oder Kämpfe

zu besänftigen, indem ich Staub darüberwarf.
Dann, um Gefahr für einzelne Bienen abzuwehren,
gierige Vögel zu verscheuchen und kleine Tiere vom
Zugang abzuhalten, die verschlossenen Bienen-
häuser zwischendurch zu untersuchen, damit sich
nicht in leeren Waben Ungeziefer seine Netze
spinnen konnte.

(...)

Eines schönen Tages flog unter der Wärme der
freundlichen Morgensonne die Bienenschar
fröhlicher als gewohnt zu ihrer täglichen Arbeit.
Ich selbst ging auch hinaus, um ihr Werk anzu-
schauen, denn das war meine vorzügliche Freude.
Ich hoffte zu sehen, wie die einen mit schwer
beladenen Flügeln Lasten zusammentrugen, die
anderen, nachdem sie ihr Gepäck abgesetzt hatten,
zu neuen Beutezügen aufbrächen, wie, trotz der
großen Eile am engen Eingang, die Menge der
Ausfliegenden doch die Hereinkommenden nicht
behinderte, wie einige die Untätigen aus dem
Feldlager vertrieben, andere müde vom langen Weg
verschnauften, wieder andere ihre Flügel in die
warme Sonne streckten.

Zwergenhafte Engel

Zwergenhafte Engel – die sich verlaufen haben;
eine samtige Gesellschaft wie von einer edlen
    Promenade,
schöne junge Damen eines verlorenen
    Sommertags,
die exklusive Gesellschaft der Bienen.

In Paris könnte man den Stoff nicht so legen,
eingefasst in Smaragdgrün,
in Venedig solche Wagenröte nicht sehen,
so strahlend und sanft.

Nie stellte man jemandem so nach
wie die wilden Rosen mit ihren Blättern
meiner kleinen Jungfrau in Damast.

Lieber will ich ihre Anmut tragen
als das vornehme Gesicht eines Grafen.
Lieber will ich wohnen wie sie
als der Herzog von Exeter sein.

Königlich genug für mich,
die Hummel anzuziehen.

Emily Dickinson (1830–1886)

Bienen in der Wiege

aus dem Leben der Heiligen Rita von Cassia

Am nächsten Tag, als sie getauft wurde, begann
man, die großen Wunder, die der liebevolle und
sanfte Herr Jesus Christus in ihr wirken wollte,
wie er es versprochen hatte, deutlich zu sehen.
Als das Mädchen eines Tages wie üblich ist in
der Wiege lag, wurde sie mehrmals von einigen
weißen Bienen besucht, die in ihrem Mund ein-
und ausflogen. Aufgrund dieser Handlung und
eines so großen Wunders können wir sicher
glauben, dass Gott, unser Herr, zeigen wollte,
dass das Mädchen während ihres Lebens wie von
einem stacheligen Dorn, aber liebevoll und süß,
von der Krone Jesu Christi, unseres Herrn,
gestochen werden würde, ein klares Zeichen des
Versprechens, dass er sie mit einer Krone aus
Edelsteinen und kostbaren Perlen seiner unend-
lichen Herrlichkeit im Paradies krönen wollte.

Agostino Cavallucci, 1610

Der Biene ist nicht bang vor mir ...

Der Biene ist nicht bang vor mir,
ich kenn den Schmetterling
das schöne Volk im nahen Wald
begrüßt von Herzen mich.

Der Bach lacht lauter, wenn ich komm,
die Winde spielen wild,
Warum, vor Augen Silberdunst,
warum, O Sommertag?

Emily Dickinson (1830–1886)

FREUNDE DER BIENEN

Freundliche Bienen

Zwei- oder dreimal die Woche, wenn gutes Wetter war, gingen wir hinter das Haus, um den Kaffee in einer kleinen, kühlen Laube zu trinken, die ich mit Hopfen dekoriert hatte und die uns während der Hitze großes Vergnügen bereitete. Wir verbrachten dort eine kurze Stunde, um unsere Gemüse zu besuchen, unsere Blumen, und um uns über verschiedenes zu unterhalten, das zu unserem Lebensstil gehörte. Die Gespräche ließen uns die Annehmlichkeiten unseres Lebens noch mehr empfinden.

Ich hatte noch eine andere kleine Familie am Ende des Gartens: Das waren die Bienen. Ich versäumte es selten, sie zu besuchen, oft zusammen mit meiner Mutter. Ihre Arbeit interessierte mich sehr. Es machte mir unendliche Freude zu sehen, wie sie von ihren Sammelzügen zurückkamen, die kleinen Beine manchmal so beladen, dass sie kaum laufen konnten. An den ersten Tagen war ich durch meine Neugierde etwas zudringlich, und sie stachen mich zwei- oder dreimal. Aber danach waren wir so gut bekannt miteinander, dass ich so nah kommen konnte, wie ich wollte, sie ließen mich gewähren. Und egal wie voll die Stöcke waren, selbst kurz vor dem Schwärmen, ich war manchmal von ihnen

umgeben, ich hatte welche auf den Händen, im Gesicht, ohne dass sie mich jemals stachen.
Alle Tiere misstrauen dem Menschen, und sie haben nicht unrecht; doch wenn sie einmal sicher sind, dass man ihnen nicht schaden will, wird ihr Vertrauen so groß, dass es mehr als barbarisch wäre, es zu missbrauchen.

Jean Jacques Rousseau (1712–1778)

8. Mai 2013

Wenn mich nicht alles täuscht,
hat Gott sich in meinem Apfelbaum versteckt.
Zum ersten Mal seit Jahren hat er sich
ausgerechnet diesen Baum ausgesucht,
nicht gerade einen aufrechten Vertreter
seiner Gattung, dessen Früchte holzig sind
und bitter schmecken. Aber die Bienen
lieben ihn. Wenn ich mich, barfuß,
an seinen Stamm lehne, höre ich
ihren Erzählungen zu, von einem
Meer aus Honig ist die summende Rede,
das auch Moses nicht teilen kann.
Ich kann Gott lachen hören.
Da halten selbst die Vögel den Schnabel.

Michael Krüger (*1943)

selbstporträt mit bienenschwarm

bis eben nichts als eine feine linie
um kinn und lippen, jetzt ein ganzer bart,
der wächst und wimmelt, bis ich magdalena
zu gleichen scheine, ganz und gar behaart

von bienen bin, wie es von allen seiten
heranstürmt, wie man langsam,
    gramm um gramm
an dasein zunimmt, an gewicht und weite,
das regungslose zentrum von gesang ...

ich ähnele mit meinem ausgestreck-
ten armen einem ritter, dem die knappen
in seine rüstung helfen; stück um stück,
erst helm, dann harnisch; arme, beine, nacken,

bis er sich kaum noch rühren kann, nicht läuft,
nur schimmernd dasteht, nur mit ein
    paar winden
hinter dem glanz, ein bißchen alter luft,
und wirklich sichtbar erst im verschwinden.

Jan Wagner (*1971)

Abseits

Es ist so still; die Heide liegt
Im warmen Mittagssonnenstrahle,
Ein rosenroter Schimmer fliegt
Um ihre alten Gräbermale;
Die Kräuter blühn; der Heideduft
Steigt in die blaue Sommerluft.

Laufkäfer hasten durchs Gesträuch
In ihren goldnen Panzerröckchen,
Die Bienen hängen Zweig um Zweig
Sich an der Edelheide Glöckchen,
Die Vögel schwirren aus dem Kraut –
Die Luft ist voller Lerchenlaut.

Ein halbverfallen niedrig Haus
Steht einsam hier und sonnbeschienen;
Der Kätner lehnt zur Tür hinaus,
Behaglich blinzelnd nach den Bienen;
Sein Junge auf dem Stein davor
Schnitzt Pfeifen sich aus Kälberrohr.

Kaum zittert durch die Mittagsruh
Ein Schlag der Dorfuhr, der entfernten;
Dem Alten fällt die Wimper zu,
Er träumt von seinen Honigernten.
– Kein Klang der aufgeregten Zeit
Drang noch in diese Einsamkeit.

Theodor Storm (1817–1888)

FREUNDE DER BIENEN

Der Bienenstock ohne Königin

Moskau aber war öde. Es waren noch Menschen in der Stadt, da ungefähr der fünfzigste Teil aller früheren Einwohner zurückgeblieben war; aber die Stadt war öde. Sie war öde wie ein absterbender, weisellos gewordener Bienenstock.

In einem weisellos gewordenen Bienenstock ist kein Leben mehr, obwohl er bei oberflächlicher Betrachtung ebenso lebendig erscheint wie andere. Ebenso munter tummeln sich in den heißen Strahlen der Mittagssonne Bienen um den weisellosen Stock wie um die anderen, lebendigen Stöcke; ebenso riecht er von weitem nach Honig; ebenso kommen aus ihm Bienen herausgeflogen. Aber man braucht nur aufmerksamer darauf zu achten, so merkt man, dass in diesem Stock kein Leben mehr ist. Die Bienen fliegen anders als bei den lebendigen Stöcken, und ein anderer Geruch und ein anderes Geräusch treten dem Imker entgegen. Wenn der Imker an die Wand des kranken Korbes klopft, so vernimmt er nicht die frühere sofortige, gemeinsame Antwort, den zischenden Ton vieler Tausende von Bienen, die drohend den Hinterleib erheben und mit schnellen Flügelschlägen diesen frischen, lebensvollen Laut hervorbringen; sondern es antwortet ihm nur ein vereinzeltes Summen, das dumpf an verschiedenen Stellen des öde gewordenen Korbes erschallt. Aus dem Flugloch strömt nicht wie früher der aromatische Geruch des Honigs und des Giftes, auch nicht die Wärme, die durch das Vollsein erzeugt wird; sondern mit dem Geruch des Honigs vereinigt sich ein Geruch nach Leere und Fäulnis. Bei dem Flugloch sind nicht mehr jene Wachen zu finden, die zur Verteidigung des Stockes ihr Leben hinzugeben bereit waren, den Hinterleib in die Höhe hoben und Alarm gaben. Es fehlt jener gleichmäßige, leise Ton, das Geräusch der Arbeit, das wie das Brodeln siedenden Wassers klingt, und man hört nur unharmonische, vereinzelte Töne, Zeichen der Unordnung. In den Stock fliegen mit scheuer Gewandtheit schwarze, längliche Raubbienen hinein und kommen mit Honig bedeckt wieder heraus; sie stechen nicht, sondern entfliehen vor Gefahren. Früher flogen Bienen nur mit Trachten herein und leer hinaus; jetzt kommen sie mit Trachten herausgeflogen. Der Imker öffnet die untere Klappe und sieht in den unteren Teil des Korbes hinein. Statt der früheren bis auf den Boden herabhängenden, schwarzen, friedlich arbeitenden Ketten kräftiger Bienen, die einander bei den Füßen hielten und unter dem ununterbrochenen Geräusch der Arbeit das Wachs ausreckten, irren einige verschrumpfte Bienen nach verschiedenen Richtungen schläfrig und zwecklos am Boden und an den Wänden des Stockes umher. Während sonst der Fußboden sauber mit Leim überzogen und durch Wehen mit den Flügeln ausgefegt war, liegen jetzt dort Wachsbröckchen, Exkremente von Bienen, sowie halbtote, kaum noch die Beinchen bewegende Bienen, und ganz tote, die nicht weggeräumt sind.

Der Imker öffnet den oberen Deckel und sieht in den Kopf des Bienenstocks hinein. Von den dichten Scharen von Bienen, die sonst auf allen Höhlungen der Waben saßen und die Brut wärmten, ist nichts mehr zu sehen. Der kunstvolle, komplizierte Bau der Waben ist zwar noch vorhanden, aber nicht mehr in dem Zustand jungfräulicher Reinheit wie früher. Alles ist vernachlässigt und beschmutzt. Schwarze Raubbienen schlüpfen hurtig und verstohlen durch die Bauten; die im Stock einheimischen Bienen, die zusammengetrocknet, kürzer geworden, matt und gewissermaßen gealtert aussehen, wandern langsam umher, ohne einem Eindringling zu wehren und ohne mehr etwas zu begehren; sie haben sozusagen das Bewusstsein des Lebens verloren. Drohnen, Hornissen, Hummeln und Schmetterlinge stoßen einfältig im Flug gegen die Wände des Bienenstockes. Hier und da lässt sich zwischen den Waben mit toter Brut und Honig mitunter ein zorniges Brummen hören. An einer Stelle bemühen sich zwei Bienen aus alter Gewohnheit und Erinnerung, den gemeinsamen Wohnsitz, den Bienenstock, zu reinigen, indem sie, sich über ihre Kräfte anstrengend, eine tote Biene oder Hummel hinausschleppen, ohne selbst recht zu wissen, wozu sie das tun. In einer anderen Ecke kämpfen zwei alte Bienen lässig miteinander oder reinigen oder füttern sich gegenseitig, ohne sich darüber klar zu sein, ob sie einander feind oder freund sind. An einer dritten Stelle fällt ein dichtgedrängter Haufe von Bienen über irgendein Opfer her und schlägt und würgt es; und die ermattete oder getötete Biene fällt langsam und leicht wie eine Feder hinunter, oben auf den Haufen der schon daliegenden Leichen. Der Imker wendet zwei der mittleren Waben um, um das Nest zu sehen. Statt der früheren, dichten, schwarzen Massen von tausend und abertausend Bienen, die Rücken an Rücken saßen und das hohe Geheimnis der Arterhaltung hüteten, sieht er nur einige hundert kümmerliche, halbtote, in Lethargie versunkene, übriggebliebene Bienen. Die andern sind, ohne es selbst zu merken, gestorben, während sie auf dem Heiligtum saßen, das sie hüteten und das nun nicht mehr ist; ein Geruch nach Fäulnis und Tod geht von ihnen aus. Nur einige bewegen sich noch, richten sich auf, fliegen matt umher und setzen sich ihrem Feind auf die Hand, vermögen aber nicht mehr, ihn zu stechen und dadurch zu sterben; die übrigen, die toten, fallen wie Fischschuppen leicht hinunter. Der Imker schließt den Deckel, macht mit Kreide ein Zeichen an den Stock und wählt sich dann später eine Zeit, um ihn zu entleeren und auszubrennen.

So öde war Moskau, als Napoleon, müde, beunruhigt und finster, beim Kamerkolleschski-Wall auf und ab ging und auf die Erfüllung jener zwar nur äußerlichen, aber nach seinen Begriffen unerlässlichen Forderung des Anstandes wartete: auf die Entsendung einer Deputation.

Nur in einigen Straßen Moskaus setzten die Menschen, gedankenlos die alten Gewohnheiten beibehal-tend, ihr bisheriges Treiben fort, ohne selbst zu verstehen, was sie taten.

Leo Tolstoi (1828–1910)

Der vorbildliche Bienenstaat

Wegen solcher Dinge [der Staatenbildung] kann
man indessen die Ameisen und Bienen nicht loben,
denn sie verfahren dabei nicht mit Berechnung. Die
göttliche Natur aber muss man bewundern, weil sie
selbst den vernunftlosen Tieren die Fähigkeit
gegeben hat, die vernünftigen Wesen in gewisser
Hinsicht nachzuahmen, vielleicht in der Absicht,
die vernünftigen Wesen zu beschämen, damit diese
(...), wenn sie auf die Bienen achten, der Obrigkeit
Gehorsam leisten und ihren Anteil an den notwen-
digen Staatsgeschäften zum Heile der Städte
übernehmen.

Vielleicht stellen aber auch die Kriege, die die
Bienen miteinander zu führen scheinen, eine
Anleitung zur gerechten und geordneten Führung
der Kriege unter den Menschen, wenn solche
notwendig sind, dar. Städte und Vorstädte haben
die Bienen nicht, aber ihre Stöcke und sechseckigen Zellen und ihre Arbeiten und ihre Ablösung
dabei sind für die Menschen da, die den Honig zu
vielen Dingen verwenden können, zur Pflege des
kranken Körpers und zu reiner Speise. Nicht zu
vergleichen aber sind die von den Bienen
gegen die Drohnen getroffenen Maßregeln mit den Gerichten für die Trägen
und Schlechten in den Städten und
mit ihrer Bestrafung. Aber wie ich
oben sagte, man muss die Natur in
diesen Dingen bewundern.

Origenes (185–253)

Vorbilder

Bitte, nehmt euch ein Beispiel
an den Bienen. Jede einzelne Wabe
wird gleichmäßig gefüllt, auch im Winter
ist genug da für alle. Hört ihr,
wie sie trotzdem das Lob
der Unvollkommenheit summen? Unsere Welt,
ob mit oder ohne Königin,
ist im Sprechen entstanden, jedes Wort
zungengeboren, aus dem Mund
entlassen ins Geläufige: Die Bienen
übersetzen, und der Wind, der ums Haus
geht wie ein Dieb, sammelt ein
und macht einen Vers draus,
den wir nur nachsprechen müssen.

Michael Krüger (*1943)

Die Biene und der Lenz

Ziehst du dein goldnes Röckchen an?
die goldnen Stiefeln auch?
O Bienchen, Vöglein wohlgemut
mit leichtem Sinn und leichtem Blut,
was locket dich das Sonnenlicht?
was lockt dich Blütenhauch?

Was summst du lustig hin und her,
hast nie des Spiels genug?
Der Lenz ist kurz, du süßes Kind,
dich fasst der Strom, dich nimmt der Wind,
dich bringet um den Blütenraub
der Menschen List und Trug.

Wohl zieh ich an den goldnen Rock
und kleid' in Gold den Fuß,
leicht ist mein Blut und leicht mein Sinn,
in Freuden ich geboren bin;
drum locket mich das Sonnenlicht
und Blumenliebesgruß.

Der Lenz ist kurz, das Leben schnell,
drum flieg' ich schnell dahin;
mein Frühlingsschein, mein Blumenreich,
in jedem Kelch mein Bettchen weich,
auf jeder Flur mein Leben bunt –
drob trag ich frohen Sinn.

(...)
Schau' her, wie bebet Strauch und Laub
im jungen Sonnenschein!
Wie küssen sich die Blumen lieb!
und rufen: „Kleiner Honigdieb,
komm, sammle Blumenliebeskost!
denn dieser Lenz ist dein."

O Vöglein, Vöglein wohlgemut,
mit goldnem Flügelpaar!
O leichtes Leben frommer Brust!
Zieh mich zum Lenz, zu seiner Lust,
und mache mir mit Liebesglanz
die trüben Augen klar.

Ernst Moritz Arndt (1769–1860)

Bienen und Bildung

Die Bienen fliegen hierhin und dorthin zwischen den Blumen, aber sie machen daraus nachher den Honig, der ganz ihr eigen ist. Er ist nicht mehr Thymian oder Majoran. Genauso wird der Schüler das, was er sich von anderen geliehen hat, verwandeln und zusammenschmelzen, um daraus sein ganz eigenes Werk zu machen, nämlich sein Urteil. Sein Unterricht, seine Arbeit und seine Übungen zielen nur darauf ab, dieses zu bilden.

Michel de Montaigne (1533–1592)

Dichter sind wie Bienen

Denn alle guten epischen Dichter singen jene
schönen Gedichte nicht mit bewusstem Verstand,
sondern als Begeisterte und Verzückte, und ebenso steht es mit den guten lyrischen Dichtern:
(...) Denn sie selbst sagen uns ja, dass sie aus
honigströmenden Quellen der Musen schöpfen.
Sie sagen uns auch, dass sie aus den Gärten und
Tälern der Musen Honig sammeln und uns so
ihre Lieder bringen wie die Bienen den Honig.
Sie sagen uns auch, dass sie gleich den Bienen um-
herfliegen. Und sie haben recht darin. Denn ein
Dichter ist ein luftiges, leichtbeschwingtes und
heiliges Ding und nicht eher imstande zu dichten,
als bis er in Begeisterung gekommen und außer
sich geraten ist und die klare Vernunft nicht mehr
in ihm wohnt.

Platon (428/427–348/347 v. Chr)

Wie eine Biene

Ein mächtiger Wind hebt Pindars Schwan, Antonius,
sooft er in die Höhe der Wolken zieht.
Ich aber, nach Art der apulischen Biene,
die den süßen Thymian erntet mit großer Mühe
um Haine und die feuchten Ufer des Tibers,
bin klein und bilde mit viel Kunst und Mühe Gedichte.

Horaz (65–8 v. Chr.)

Von der Lust

Ein alter Einsiedler,
der die Stadt einmal im Jahr besuchte,
trat vor und sagte:
„Sprich uns von der Lust!"

Und der Prophet antwortete und sagte:
„Lust ist ein Freiheitslied,
    doch sie ist nicht die Freiheit.
Sie ist das Erblühen eurer Wünsche,
    doch sie ist nicht ihre Frucht.(...)

Und nun fragt ihr in eurem Herzen:
Wie sollen wir das, was gut ist an der Lust, unter-
    scheiden von dem, was nicht gut ist?
Geht zu den Feldern und in eure Gärten,
so werdet ihr lernen, dass es die Lust der Biene ist,
    den Honig aus der Blume zu sammeln,
doch es ist auch die Lust der Blume, der Biene den
    Honig zu geben.
Denn für die Biene ist eine Blume eine Quelle des
    Lebens,
und für die Blume ist eine Biene ein Bote der Liebe.
Und für beide, Biene und Blume, ist das Geben und
    Nehmen von Lust ein Bedürfnis und ein Rausch.
Leute von Orphalese, seid in eurer Lust wie die
    Blumen und die Bienen."

Khalil Gibran (1883–1931)

Mirza–Schaffy, liebliche Biene

Mirza–Schaffy, liebliche Biene,
Lange bist du umhergeflogen,
Hast von Rosen und Jasmine
Nektar und süße Düfte gesogen;
Höre jetzt auf zu wandern
Von einer Blume zur andern –
Kehr' mit dem Gefieder
Deiner duftigen Lieder,
Kehr' mit all deinem Honigseim
Heim, zur Geliebten heim!

Friedrich Martin Bodenstedt (1819–1892)

Die Biene

für Francis de Miomandre

Wie fein und wie tödlich
dein Stachel auch sei, blonde Biene,
ich habe über meinen zarten Korb
nur einen Hauch von Spitze geworfen.

Stich in das schöne Gefäß meiner Brust,
auf der die Liebe stirbt oder schlummert,
damit ich rot werde und zu mir selbst komme
in dem geschwollenen, wütenden Fleisch!
Ich brauche unbedingt eine schnelle Qual:
Ein lebhafter Schmerz, der schnell endet,
ist besser als ein schlummerndes Leiden.
So soll mein Sinn erhellt werden
durch diesen winzigen Weckruf aus Gold,
ohne den die Liebe stirbt oder einschläft!

Paul Valéry (1871–1945)

Mit Bienen umgehen

Mit Sachen kann man wohl ohne Liebe umgehen:
man kann ohne Liebe Bäume fällen, Ziegel bren-
nen, Eisen hämmern, mit Menschen aber kann
man nicht ohne Liebe umgehen, ebenso wie man
mit Bienen nicht ohne Behutsamkeit umgehen
kann.

Leo Tolstoi (1828–1910)

Der Bienenstachel

Eine Bienenkönigin vom Berg Hymmetos flog hoch zum Olymp, um Jupiter etwas frischen Honig aus ihrem Stock zu schenken. Der Göttervater war so erfreut über das Geschenk, dass er versprach, ihr einen Wunsch zu erfüllen. Sie sagte, sie wäre sehr dankbar, wenn er den Bienen Stacheln geben würde, um Menschen zu stechen, die ihren Honig rauben wollten. Jupiter mochte diesen Wunsch gar nicht, denn er liebte die Menschen, doch er hatte sein Wort gegeben, also sagte er, dass sie Stacheln bekommen würden. Die Stacheln, die er ihnen gab, waren jedoch so beschaffen, dass wann immer eine Biene einen Menschen sticht, der Stachel in der Wunde bleibt und die Biene stirbt.

Aesop (6. Jhd. v. Chr.)

Die Sanftmut des Bienenkönigs

Könige sind eine Einrichtung der Natur, was man aus anderen Tieren erkennen kann wie auch aus den Bienen. Ihr König hat die größte Kammer am zentralsten und sichersten Ort. Außerdem muss er nicht arbeiten, sondern leitet die Arbeit der anderen, und wenn der König verloren geht, bricht alles zusammen. Sie dulden auch nicht mehr als einen davon und suchen den besten in einem Kampf heraus. Außerdem hat der König eine besondere Form, unähnlich den anderen, sowohl an Größe als auch an Glanz.

Durch Folgendes unterscheidet er sich jedoch am meisten: Die Bienen sind leicht wütend zu machen und verteidigen sich hartnäckig gegen jeden Versuch, sie einzufangen. Dabei lassen sie ihren Stachel in der Wunde zurück. Der König dagegen hat keinen Stachel. Die Natur wollte nicht, dass er wild sei und Rache um einen so hohen Preis anstrebe; sie nahm ihm die Waffe und machte seine Wut wehrlos.

Das ist ein bedeutendes Beispiel für große Könige:
Es ist nämlich die Art der Natur, im Kleinen zu
wirken und kleine Zeichen von großen Dingen zu
geben. Es wäre beschämend, sich das Verhalten der
kleinen Tiere nicht abzuschauen, da der mensch-
liche Geist umso mehr gemäßigt sein muss, weil er
mehr schaden kann.

Seneca (4 v. Chr.–65 n. Chr.)

Die Biene

Wohl uns des Königs, den wir han!
Er ist ein gut Regent und Mann,
und er hat keinen Stachel.

Matthias Claudius (1740–1815)

Strafe für einen Unschuldigen

Ein Dieb schlich sich in das Bienenhaus, als der Imker nicht da war, und stahl den ganzen Honig. Als der Imker zurückkam und die Stöcke leer fand, schaute er eine ganze Zeit lang wütend auf die leeren Stöcke. Bald kamen die Bienen zurück von der Honigsuche, und als sie die Stöcke geplündert und den Imker daneben stehen sahen, griffen sie ihn mit ihren Stacheln an. Darauf rief er verzweifelt: „Ihr undankbaren Schurken, ihr habt den Dieb, der meinen Honig gestohlen hat, straflos davonkommen lassen, und dann stecht ihr mich, obwohl ich immer für euch gesorgt habe!"
Wenn du Vergeltung übst, pass auf, dass du den richtigen Täter erwischst!

Aesop (6. Jhd. v. Chr.)

Verlust der Ähnlichkeit

Man sagt, ein Schnäpschen, insofern
es kräftig ist, hat jeder gern.
Ganz anders denkt das Volk der Bienen.
der Süffel ist verhasst bei ihnen,
Sein Wohlgeruch tut ihnen weh.
sie trinken nichts wie Blütentee,
Und wenn wer kommt, der Schnäpse trank,
gleich ziehen sie den Stachel blank.

Letzthin hat einem Bienenstöckel
der brave alte Schneider Böckel,
Der nicht mehr nüchtern in der Tat,
aus Neubegierde sich genaht.
Sofort von einem regen Leben
sieht Meister Böckel sich umgeben.
Es dringen giftgetränkte Pfeile
in seine nackten Körperteile,
Ja, manche selbst durch die nur lose
und leichtgewirkte Sommerhose,
Besonders, weil sie stramm gespannt.
Zum Glück ist Böckel kriegsgewandt.
Er zieht sich kämpfend wie ein Held
zurück ins hohe Erbsenfeld.
Hier hat er Zeit, an vielen Stellen
des Leibes merklich anzuschwellen,

Und als er wiederum erscheint,
erkennt ihn kaum sein bester Freund.
Natürlich, denn bei solchem Streit
verliert man seine Ähnlichkeit.

Wilhelm Busch (1832–1908)

Sehnsucht nach einem Honig, der bleibt

Die nächsten Träume fliegen weg – unerfüllt.
Der Himmel, nach dem wir jagen,
lockt zum Rennen,
wie die Juni-Biene den Schuljungen,
wenn sie hält am nächsten Klee,
eintaucht, entkommt, neckt, vor ihm her fliegt;
dann zu den königlichen Wolken
ihre leichten Flügel erhebt,
ohne Rücksicht auf den Jungen,
der verwirrt aufschaut ins spöttische Blau.

Heimweh nach einem Honig, der bleibt.
Ach, die Biene fliegt nicht,
die solchen Honig braut.

Emily Dickinson (1830–1886)

Honigkuchen

Eine Freundin
backt mir Honigkuchen

Er duftet nach Mutter
schmeckt nach Kindheit
die blüht noch in mir

Bienen trinken Blütensaft
die tote Mutter
schaukelt mein Bett
und singt alte Kinderlieder

Eine Scheibe Honigkuchen
verwandelt die Welt

Rose Ausländer (1901–1988)

Ein Bienenstock im Herzen

(…)
Letzte Nacht im Schlaf
träumte ich – selige Täuschung! –,
dass ich einen Bienenstock trug
in meinem Herzen
Und die goldenen Bienen
gingen und machten in ihm
aus alten Bitterkeiten
weißes Wachs und süßen Honig.
(…)
Letze Nacht im Schlaf,
träumte ich, – selige Täuschung! –,
dass es Gott war, was ich trug
in meinem Herzen.

Antonio Machado (1875–1939)

VERLAGSGRUPPE PATMOS

**PATMOS
ESCHBACH
GRÜNEWALD
THORBECKE
SCHWABEN
VER SACRUM**

Die Verlagsgruppe
mit Sinn für das Leben

Klimaneutral
Druckprodukt
ClimatePartner.com/14549-2003-1001

Die Verlagsgruppe Patmos ist sich ihrer
Verantwortung gegenüber unserer Umwelt
bewusst. Wir folgen dem Prinzip der Nach-
haltigkeit und streben den Einklang von
wirtschaftlicher Entwicklung, sozialer
Sicherheit und Erhaltung unserer natür-
lichen Lebensgrundlagen an. Näheres
zur Nachhaltigkeitsstrategie der Verlagsgruppe Patmos auf unserer Website
www.verlagsgruppe-patmos.de/nachhaltig-
gut-leben

Gestaltung: Finken und Bumiller,
Gundula Wagner-Rexin, Stuttgart
Finidr s.r.o., Český Těšín
Hergestellt in Tschechien
ISBN 978-3-7995-2051-5